1
2
3
4
5
6
7
8
9
10
11
12
13
14
15
16
17
18
19
20
21
22
23
24
25
26
27
29
30

20
1
2
3
4
5
6
7
8
9
10
11
12
13
14
15
16
17
18
19

19 18 15 14 11 10 7 6
1 20 17 16 13 12 9 8 5 4
2 3

1
2
3
4
5
6
7
8
9
10
11
12
13
14
15

3
7
2
1 2 3 4 5 6 7 8 9 10
1 2 3 4 5 6 7 8 9 10 11 12 13 14 15 16 17 18 19 20

11
10
9
12
8
13
7
14
15
1
2
6
3
4
5

1
2
3
4
6
7
8
9
10
11
12
13
14
15
16
17
18
19
20

12
9
3
6
1
2
3
4
5
6
7
8
9
10
11
12
13
14
15
16
17
18
19
20

1
2
3
4
5
6
7
8
9
10
11
12
13
14
15

1
2
3
4
5
6
7
8
9
10
11
12
13
14
15

1
2
3
4
5
6
7
8
9
10

10
1
9
2
8
3
7
4
6
5

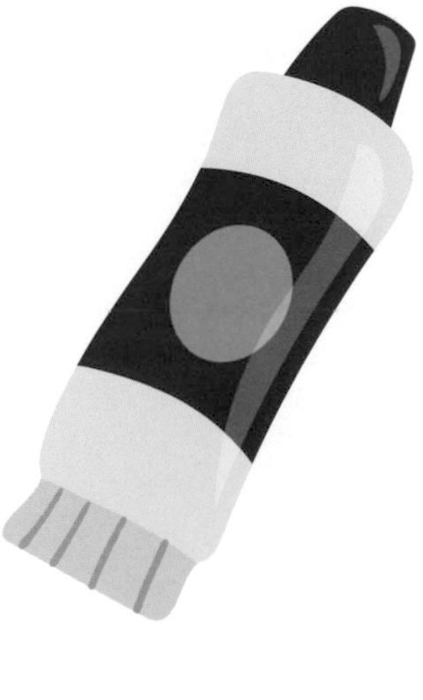

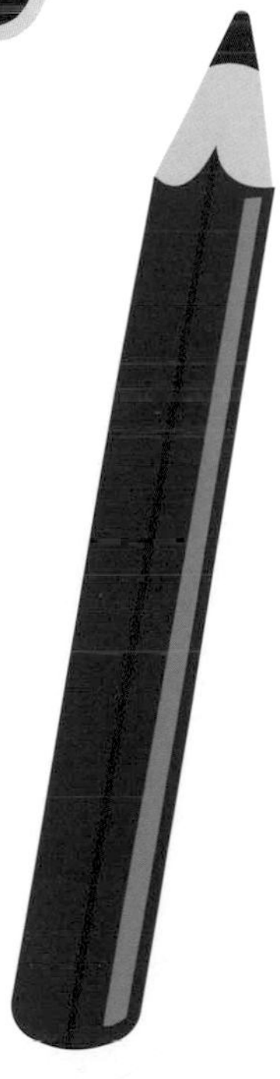

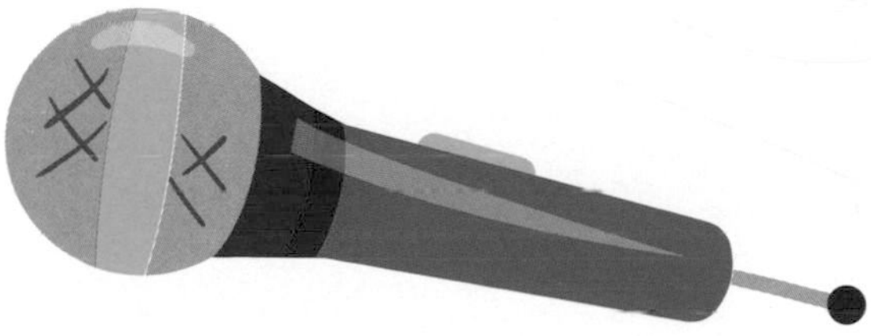

1
2
3
4
5
6
7
8
9
10
11
12
13
14
15
16
17
18
19
20

1
2
3
4
5
6
7
8
9
10
11
12
13
14
15
16
17
18
19
20

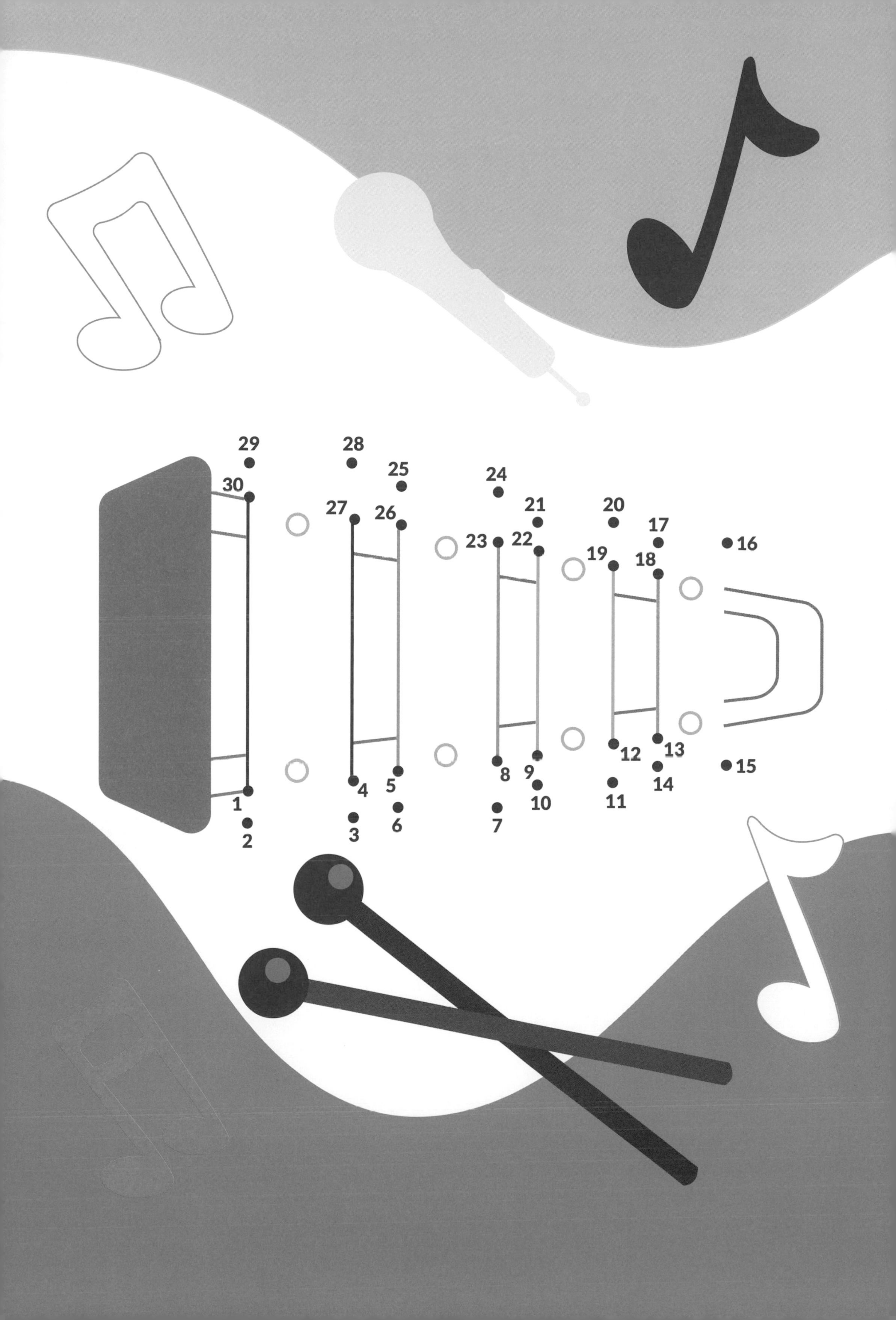
1
2
3
4
5
6
7
8
9
10
11
12
13
14
15
16
17
18
19
20
21
22
23
24
25
26
27
28
29
30

1
20
2
19
3
18
4
17
5
16
6
15
7
14
8
13
9
12
10
11

20
19
1
14
15
18
11
10
9
6
2
3
4
5
7
8
12
13
16
17

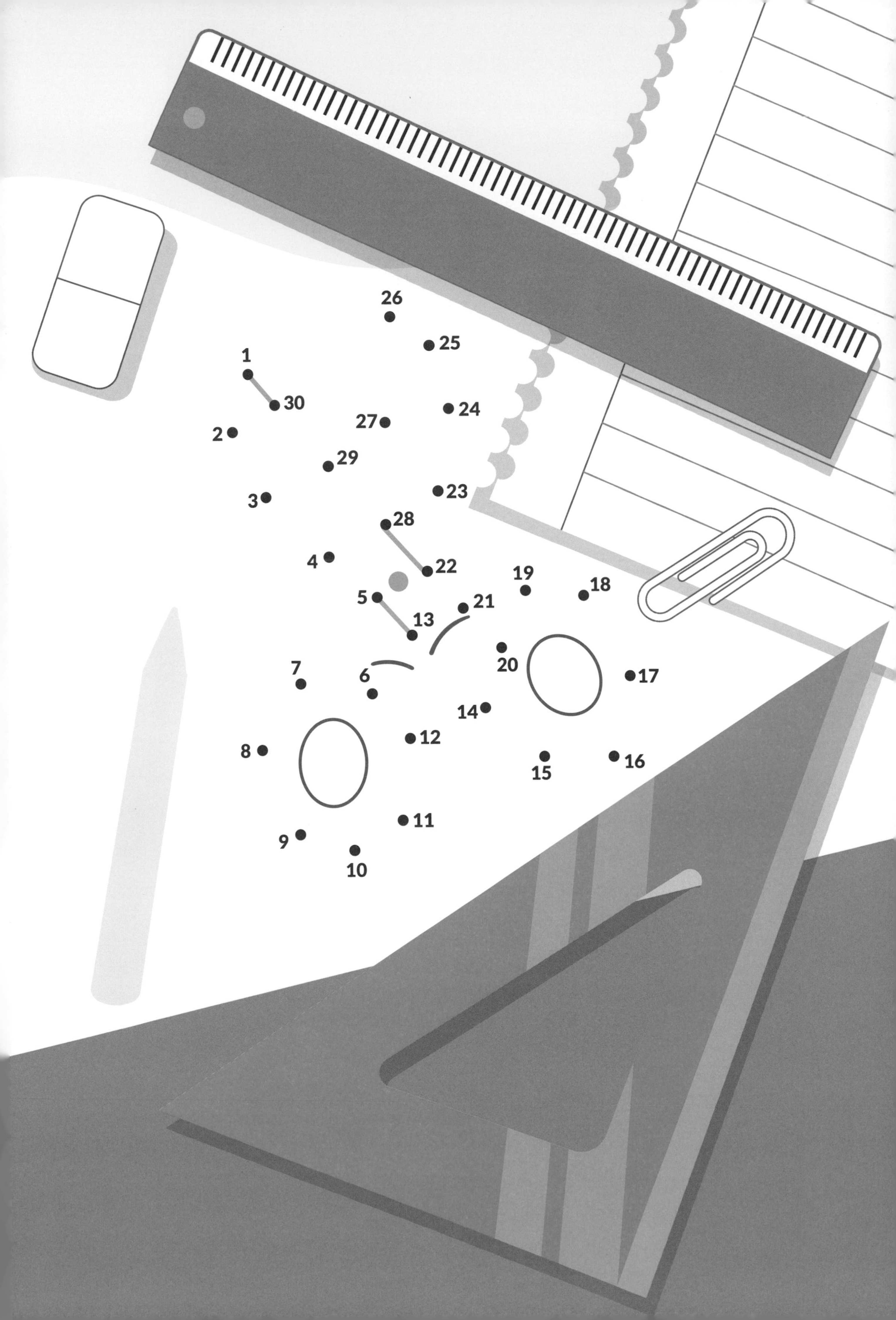
1
2
3
4
5
6
7
8
9
10
11
12
13
14
15
16
17
18
19
20
21
22
23
24
25
26
27
28
29
30

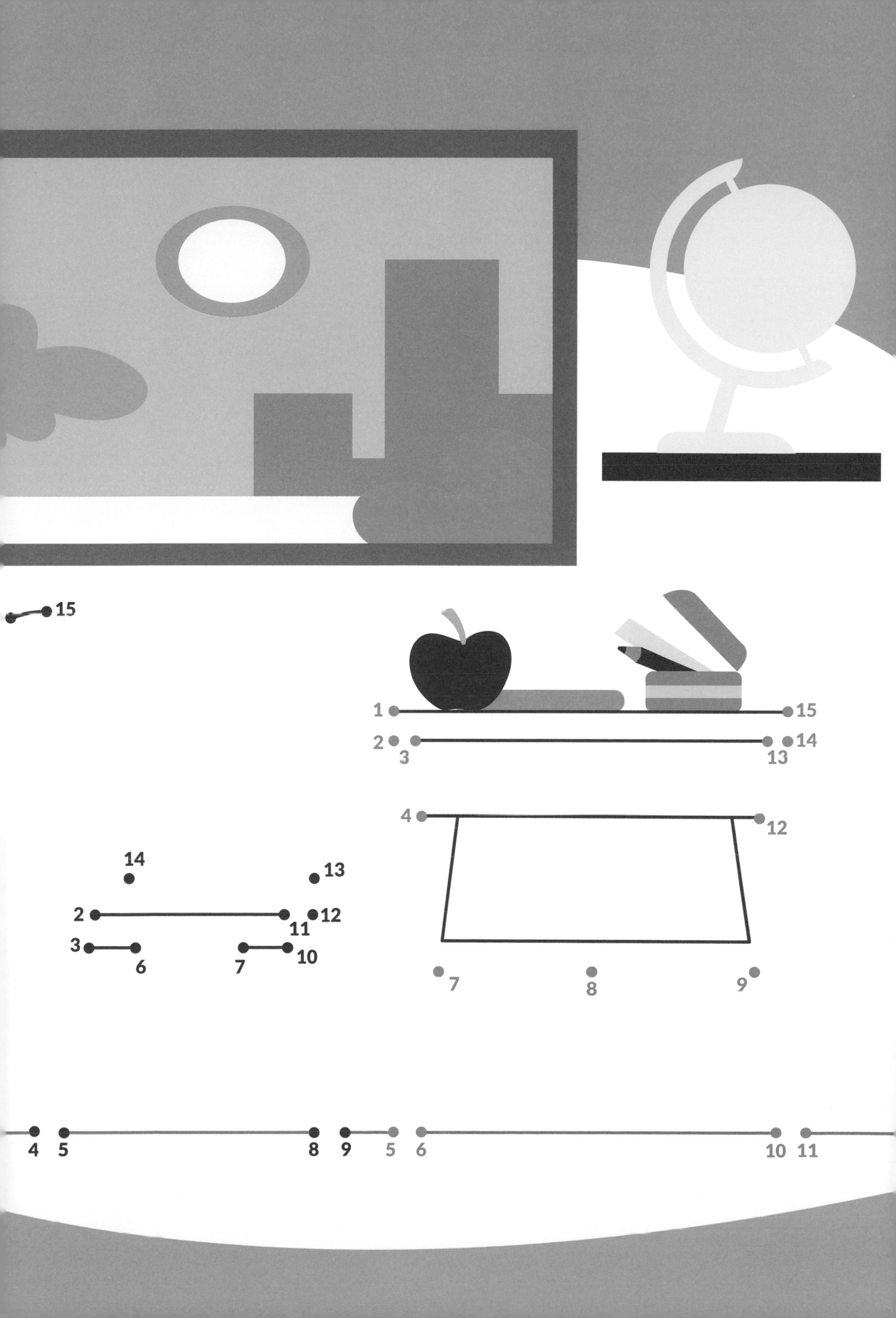

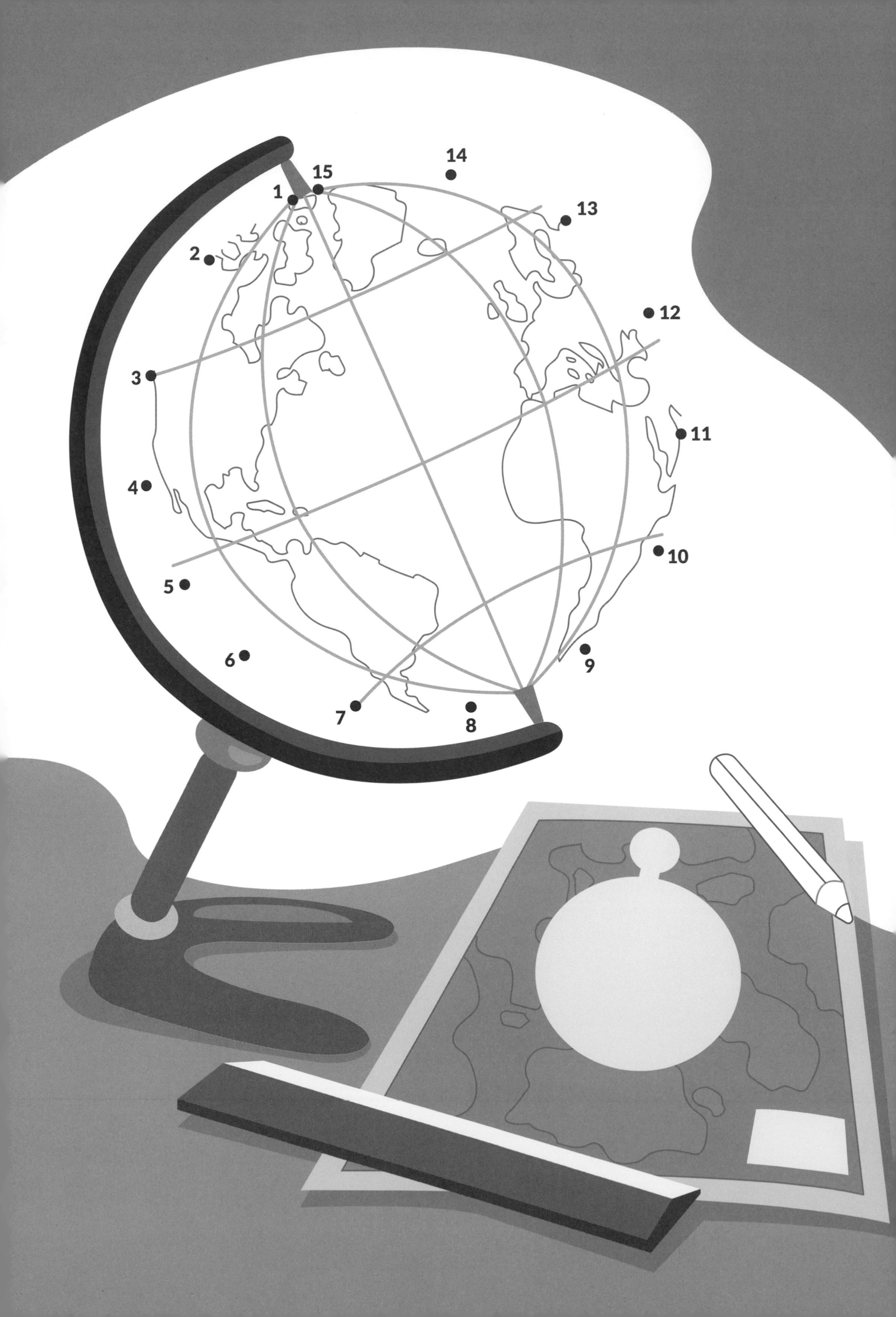
1
2
3
4
5
6
7
8
9
10
11
12
13
14
15

1
15
14
2
13
3
12
4
7
8
11
5
6
9
10

1
2
3
4
5
6
7
8
9
10
11
12
13
14
15
16
17
18
19
20

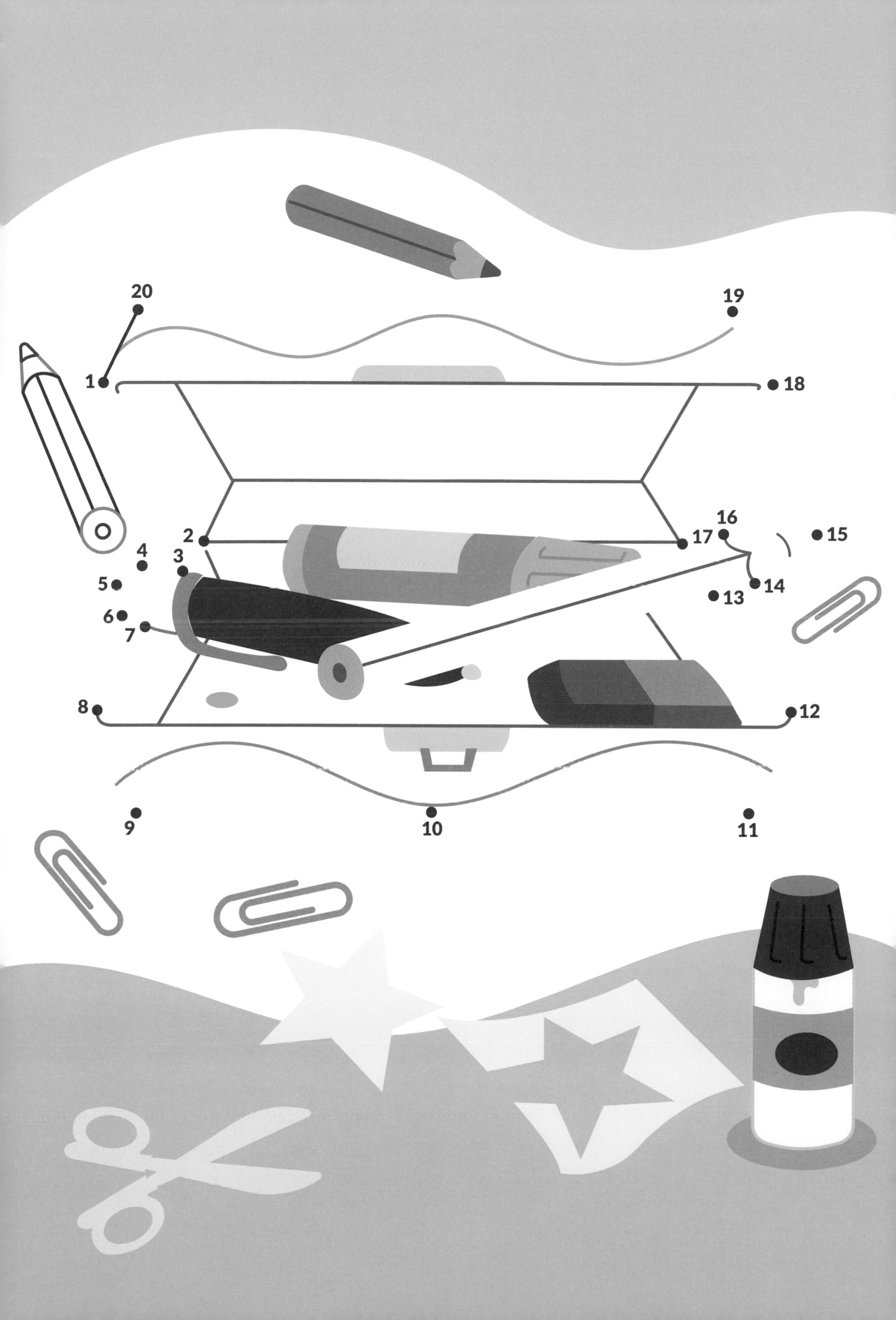

20
19
1
18
16
2
17
15
4
3
5
14
13
6
7
8
12
9
10
11

1
2
3
4
5
6
7
8
9
10
11
12
13
14
15
16
17
18
19
20